PUBLICATION DE LA RÉUNION DES OFFICIERS

HISTORIQUE

DU

3ᴱ RÉGIMENT

DE CUIRASSIERS

1635-1875

Retrocedere nescit.

PARIS

IMPRIMERIE DE A. DUTEMPLE

RUE DES CANETTES, 7

1875

HISTORIQUE

DU

3ᴱ RÉGIMENT DE CUIRASSIERS

HISTORIQUE

DU

3ᴱ RÉGIMENT DE CUIRASSIERS

1655-1875

Retrocedere nescit.

PARIS

IMPRIMERIE DE A. DUTEMPLE

RUE DES CANETTES, 7

1875

PRÉFACE

Afin d'éviter dans le cours du récit de trop fréquents renvois, je tiens à donner ici les sources principales auxquelles j'ai puisé les renseignements qui le composent.

D'abord l'historique que possède le régiment est authentique et très-complet pour les marches et promotions depuis 1815 jusqu'à ce jour. Il contient en outre un léger aperçu de l'histoire du régiment avant 91 et pendant les guerres de la Révolution et de l'Empire. J'ai dû le compléter au moyen des renseignements très-exacts et très-précis que m'ont fournis l'*Histoire de la milice française*, par le P. Daniel; l'*Histoire de la cavalerie française*, du général Suzane; l'*Histoire de l'armée*, d'Adrien Pascal, et les états et annuaires du temps.

J'ai suivi, dans l'historique du corps, la relation de la campagne du Rhin, à laquelle je n'ai pas assisté; mais pour celles de la Loire et de la Commune, que j'ai faites avec le régiment, je n'ai eu qu'à consulter mes notes et mes souvenirs.

J'ai peut-être par trop laissé à ce récit la forme un peu sèche d'un journal de marches. Mais pour lui donner plus d'élégance et sans doute aussi plus d'intérêt, il eût fallu insister davantage sur les détails des événements politiques et militaires auxquels le régiment a pris part, ce qu'il eût été difficile de faire sans discuter et juger : or cela ne m'a pas semblé l'affaire d'un soldat.

G. DE JUZANCOURT,

lieutenant au 3ᵉ régiment de cuirassiers.

Maubeuge, février 1875.

HISTORIQUE

DU

3ᵉ RÉGIMENT DE CUIRASSIERS

CHAPITRE PREMIER

LE 3ᵉ RÉGIMENT DE CAVALERIE

(D'Esclainvillers, 1635. — Commissaire général, 1654-1791)

Lorsque Louis XIII monta sur le trône, la cavalerie ne se composait que de compagnies de chevau-légers et de gendarmerie non enrégimentées. Ce ne fut qu'en 1635 que le cardinal de Richelieu, créant quatre-vingt-onze compagnies de cavalerie légère et quinze de carabiniers ou dragons, en forma les six premiers régiments de cavalerie. Ces régiments, tout en ayant un numéro d'ordre, étaient désignés par le nom de leur colonel ou par celui de sa charge. C'est ainsi que le 3ᵉ régiment de cavalerie fut régiment d'Esclainvillers, du nom de son premier colonel.

Il comprenait 3 escadrons de 4 compagnies. La compagnie se composait de : 1 capitaine, 1 lieutenant, 1 cornette, 1 porte-étendard, 4 maréchaux des logis, 2 brigadiers, 2 carabiniers, pris parmi les plus anciens cavaliers, 34 cavaliers ou maîtres, 1 maréchal ferrant, 1 trompette.

Il n'y avait alors qu'un uniforme pour la cavalerie, lequel consistait en un justaucorps de buffle avec des manches de peau d'élan.

Les cavaliers avaient le pistolet et l'épée au baudrier. Ce ne fut qu'en 1684 que le baudrier fut supprimé et remplacé par le ceinturon.

Le 3e régiment assista à la bataille de Rocroi (1643), où son colonel fut blessé d'un coup de feu. Il paraîtrait même qu'il y perdit une jambe (1). Cependant nous le retrouvons en 1650, au siége de Guise, où il se distingua d'une façon toute particulière, et en 1652, le 5 juillet, au combat de la porte Saint-Antoine. Il était à la tête de la cavalerie que commandait M. de Navailles, lorsque le prince de Condé, chargeant en personne, fit prisonnier M. d'Esclainvillers et repoussa la cavalerie de Navailles.

Ce fut en récompense de ces bons et loyaux services que le roi créa la charge de commissaire général de la cavalerie légère pour M. d'Esclainvillers, qui eut la commission en 1654 et la charge en 1656. C'est à partir de cette époque que le 3e régiment de cavalerie, alors

---

(1) *Triomphe de la ville de Guise, ou Histoire héroïque du siége de Guise, en l'année* 1650, par le R. P. J. B. de Verdun.

régiment d'Esclainvillers, prit le nom de régiment Commissaire général.

Jusqu'alors il n'y avait eu de commissaire général que pour l'arme de l'infanterie. Cette charge appartenait, en 1654, à M. de Bussy-Rabutin, qui intrigua fort pour empêcher la nouvelle création, qui lui portait ombrage. Mais les droits de M. d'Esclainvillers étaient tels qu'ils prévalurent. Le commissaire général de la cavalerie était le troisième officier général de tous les régiments de cavalerie. Il commandait la cavalerie dans l'armée en l'absence du colonel général et du mestre de camp général.

Le premier uniforme que nous trouvons attribué au régiment Commissaire général était ainsi composé : habit, manteau et doublure gris blanc, parements et revers de panne noire, boutons de cuivre, bandoulière et ceinturon de peau blanche piquée, buffle à boutons de cuivre, culotte de peau, chapeau bordé d'or fin; l'équipage du cheval, de drap rouge bordé. Le régiment avait six étendards, dont le premier *de soye bleue, semé de fleurs de lys d'or sans nombre, et les cinq autres de soye rouge, au soleil d'or et devise du Roy d'un côté, et de l'autre une écrevisse sur terre, avec ces mots :* RETROCEDERE NESCIT, *brodés et frangés d'or.*

En décembre 1657 mourut M. d'Esclainvillers, *perdu de débauche, de vin et de femmes,* raconte Bussy-Rabutin dans ses *Mémoires.* Il paraît que M. de Bussy n'avait pas encore pardonné à M. d'Esclainvillers de lui avoir fait échec lors de sa nomination de commissaire général. M. de La Cardonnière, qui était alors mestre de camp-lieutenant du régiment de cavalerie du cardinal Mazarin, fut nommé commissaire général le 7 février.

En 1656 et 1657 le régiment se bat en Flandre et en Champagne. En 1658 il est à la bataille des Dunes. En 1672 il assiste au fameux passage du Rhin. En 1673 il fait le siége de Maëstricht, combat à Senef en 1674 et à Consarbruk en 1675; assiste en 1676 aux siéges de Condé et de Bouchain, et se distingue en 1677 à Cassel, où il culbute l'aile gauche de l'ennemi. Il était alors sous les ordres du marquis de Montrevel, et fut aux siéges des villes de Gand et d'Ypres. La même année (1678) il se distinguait à l'attaque et à la reprise du retranchement d'Orteburg, et passait en Allemagne, sous le maréchal de Créquy. Il assistait alors au siége de Fribourg, au combat de Kokesberg et à la prise de Luxembourg (1684).

En 1685 nous le trouvons au camp de la Saône. En 1688 le marquis de Montrevel (1), nommé maréchal de camp, fut remplacé dans le commandement du régiment par le marquis de Villars (2). Il est bien entendu que le commandement du régiment est toujours quitté ou pris avec la charge de commissaire général.

Sous Villars, le régiment prit part aux opérations dont les Pays-Bas furent le théâtre en 1690 et 1691, et assista au combat de Leuze à l'armée du maréchal de Luxembourg (1692). En 1696 il passe à l'armée de

____

(1) Il fut fait maréchal de France en 1703.
(2) Villars paya la charge de commissaire général 50,000 écus.

Flandre, pour revenir sur le Rhin en 1697. En 1701, le 14 octobre, Villars remporta sur les impériaux la victoire de Friedlingen, qui lui valut le bâton de maréchal de France. Alors le régiment passait en Italie (1702), où il assistait à la bataille de Luzzara (15 août).

En 1703 le comte de Verrue fut nommé commissaire général. Le régiment passa dans le Tyrol. En 1704 le comte de Verrue était tué à la bataille d'Hochstedt et remplacé par le marquis de La Vallière. En 1705 le régiment contribua à l'attaque de l'armée du prince Eugène, lorsqu'il tenta le passage du Mincio. Un cornette du régiment se distingua dans le combat en soutenant, avec 20 carabiniers, une lutte héroïque dans laquelle il perdit 13 hommes.

De 1708 à 1711 le régiment prit part aux campagnes de Flandre, sous les ordres du duc de Bourgogne, qui commandait alors l'armée du Nord, ayant sous lui Vendôme et Berwick. Il assista alors aux défaites d'Audenarde et de Malplaquet, puis, en 1712, à la victoire de Denain. Il achève la campagne en 1718, devant Houdan, et fait, en 1719, la courte campagne d'Espagne. De 1733 à 1735, il fit partie de l'armée rassemblée sur les bords du Rhin. A la paix, il tint garnison à Landrecies, puis à Thionville ; il avait alors pour commandant le marquis de Clermont-Tonnerre (1716-1736), qui avait remplacé le duc de Châtillon (1714-1716). Lorsque le marquis de Clermont-Tonnerre (1) fut nommé mestre de

(1) Gaspard de Clermont-Tonnerre, maréchal de France le 17 septembre 1747.

camp général de la cavalerie, il fut remplacé dans sa charge par le marquis de Bissy (1736-1748).

Le régiment Commissaire-général, suivant ordonnance du roi des 8 janvier 1737 et 28 février suivant, se trouvait alors composé du commissaire général commandant, de 1 lieutenant-colonel commandant en second, de 1 major et de 1 aide-major, de 10 capitaines, de 12 lieutenants, dont celui de la compagnie Commissaire général était capitaine de droit, de 1 cornette en charge et de 6 cornettes, ce qui faisait un total de 33 officiers en pied avec 12 maréchaux des logis, à 1 par compagnie. Le régiment était à 3 escadrons de 12 compagnies, à 25 maîtres chacune; total, 300 maîtres, y compris 24 brigadiers, 12 trompettes et 1 timbalier.

Dans la guerre de la succession d'Autriche, Commissaire général fait partie de l'armée de la Meuse, commandée par le maréchal de Maillebois. Il est en Westphalie en 1741 et en 1742 en Bavière, au camp de Nieder-Altach. Rentré en France en 1743, il est en 1744 à l'armée d'Italie, où il assiste au combat de Villefranche et à la bataille de Coni. Il revient en 1745 sur le Rhin et passe en 1746 à l'armée de Flandre, où il prend part à la bataille de Raucoux. En 1747 il est envoyé au camp de Valence, qu'il quitte pour la garnison du Puy, où il reste jusqu'à la paix. En 1749 il est à Verdun, à Charmes, puis à Charleville et Mézières; en 1752, à Chaumont, en 1753, à Lille, en 1755, à Maubeuge, puis à Bitche en 1757.

Le marquis de Béthune, qui succéda au marquis de Bissy, ne resta en charge qu'une année (1748). Il fut remplacé par le marquis de Castries (1), qui, blessé à Rosbach (1757), fut nommé en 1759 mestre de camp général de la cavalerie. Il eut pour successeur le marquis de Beuvron, auquel succéda le marquis d'Harcourt en 1779. C'était l'époque du ministère Choiseul, ère d'importantes réformes pour l'armée.

L'uniforme du régiment était ainsi composé : habit à la polonaise et parements de drap bleu, collet et revers de panne noire, bordés, de même que les parements, d'un petit galon de fil ou laine jaune; doublure de cadis ou serge chamois, 7 boutons au revers avec boutonnières en petit galon jaune, 3 au-dessous avec autant d'agréments et houpes de fil ou laine jaune, boutons jaunes n° 3, chapeau bordé de galon jaune.

Par ordonnance du 19 avril 1772, chaque régiment de cavalerie, composé auparavant de 8 compagnies de 54 hommes, formant 4 escadrons, fut porté à 12 compagnies de 36 hommes, formant 3 escadrons. La compagnie comprenait : 1 capitaine, 1 lieutenant, 1 sous-lieutenant, 1 fourrier, 2 maréchaux des logis, 4 brigadiers, 4 carabiniers, 24 cavaliers et 1 trompette.

L'état-major comprenait : 1 mestre de camp, 1 lieutenant-colonel, 1 major, 2 aides-major, 2 sous-aides-major, 1 quartier-maître, 3 porte-étendard, 1 timbalier, 1 chirurgien, 1 maréchal expert.

En 1773 nous trouvons quelques changements dans la tenue : le collet est de drap bleu comme le fond, les

(1) Charles-Eugène-Gabriel de La Croix, marquis de Castries, maréchal de France le 13 juin 1783.

parements et les revers sont de panne cramoisie, et le chapeau est bordé de galon blanc.

Une ordonnance du 25 mai 1776 avait mis les régiments de cavalerie à 6 escadrons, dont 4 de cavalerie, 1 de chevau-légers et 1 auxiliaire. Ce nombre fut réduit à 4 par ordonnance du 29 janvier 1779, qui supprima l'escadron auxiliaire et réunit ceux des chevau-légers pour en former 6 régiments. Chaque escadron ne comprend plus alors qu'une compagnie, commandée par 1 capitaine commandant, 1 capitaine en second, 1 premier lieutenant, 1 lieutenant en second et 2 sous-lieutenants, et composée de 1 maréchal des logis chef, de 1 second maréchal des logis, de 1 fourrier écrivain, de 8 brigadiers, de 1 cadet gentilhomme, de 152 maîtres, de 2 trompettes, de 1 frater et de 1 maréchal ferrant. Total : 6 officiers et 168 hommes.

L'état-major comprenait : 1 mestre de camp commandant, 1 mestre de camp commandant en second, 1 lieutenant-colonel, 1 major, 1 quartier-maître trésorier, 2 porte-étendard, 1 adjudant, 1 chirurgien-major, 1 aumônier, 1 maître maréchal, 1 maître sellier et 1 armurier.

Commissaire général fut fort abîmé dans les cinq premières campagnes de la guerre de Sept ans, en Allemagne, où il combattit bravement. Il y fut presque détruit et, envoyé en 1763 à Saint-Lô, il put se réorganiser en recevant les compagnies du régiment de Beauvilliers réformé.

Le régiment fit les garnisons d'Hesdin (1764-66), d'Argentan (1769), de Guise et de Soissons (1772), de

Verdun (1773-74). En 1775 il était à Limoges, à Condom en 1776, à Haguenau (1777-78), à Fougères (1779-80), à Falaise (1781), à Valenciennes (1782-83).

En 1784 le marquis d'Harcourt fut remplacé par le comte de Chalus. Le régiment était alors à Bayeux, qu'il quitta pour Abbeville en 1786. Au comte de Chalus succéda le comte d'Harcourt, qui fut le dernier commissaire général de la cavalerie.

En 1791 le régiment était en garnison à Maubeuge lorsque parut l'ordonnance, en date du 1ᵉʳ janvier de cette année, qui décidait que chaque régiment prendrait le nom que lui assignait son numéro de classement. Le régiment Commissaire général fut alors désigné 3ᵉ régiment de cavalerie. Une ordonnance du 17 mars 1788 avait décidé que le régiment Commissaire général changerait ce nom en celui de Royal-Bretagne à l'extinction de la charge de commissaire général. Cette ordonnance n'eut point d'effet, celle de 91 ayant paru avant cette extinction.

L'ordonnance de 91 maintenait les réformes apportées par celle de 88 : régiments à 3 escadrons au lieu de 4, suppression des mestres de camp commandant et commandant en second.

Le marquis de Chamoy, qui se trouvait alors colonel commandant Commissaire général, sous le comte d'Harcourt, demeura colonel du 3ᵉ régiment de cavalerie.

COMMISSAIRES GÉNÉRAUX

1654-1791

M. D'ESCLAINVILLERS, 1654-1657 (colonel depuis 1635).

M. DE LA CARDONNIÈRE, 1657-1677.

Marquis DE MONTREVEL, 1677-1688.

Marquis DE VILLARS, 1688-1703.

Comte DE VERRUE, 1703-1704.

Marquis DE LA VALLIÈRE, 1704-1714.

Comte DE CHATILLON, 1714-1736.

Marquis DE BISSY, 1736-1748.

Marquis DE BÉTHUNE, 1748.

Marquis DE CASTRIES, 1748-1759. (M. d'Ambly, mestre de camp, commandant.)

Marquis DE BEUVRON, 1759-1779. (Marquis d'Harcourt, mestre de camp, commandant.)

Marquis D'HARCOURT, 1779-1784. (Comte de Landreville, mestre de camp, commandant.)

Comte DE CHARLUS, 1784-1785. (Comte de Pontmartin, mestre de camp, commandant.)

Comte D'HARCOURT, 1785-1791. (Baron d'Haramburg, mestre de camp, commandant. Marquis de Chamoy, colon¹ᵉ)

CHAPITRE II

LE 3ᵉ RÉGIMENT DE CAVALERIE
1791-1803

LE 3ᵉ RÉGIMENT DE CUIRASSIERS
1803-1815

Le marquis de Chamoy ne devait pas rester longtemps à la tête du régiment, pas plus que son successeur, M. de Montcanisy, qui dut être comme lui soupçonné d'incivisme. En 1792 M. Léger de Bellefonds fut nommé colonel. Le régiment était encore à cette époque en garnison à Maubeuge. C'était alors le commencement de l'invasion : deux escadrons furent envoyés à l'armée du Nord dans les premiers jours d'avril. Le 29 de ce mois le régiment se distingua au bivac de Marquain, où une panique étant survenue tout à coup, il contribua d'une façon notoire à arrêter la déroute et à repousser l'ennemi.

Le 19 mai le régiment passa dans la division Lameth. Le 23, le prince de Cobourg ayant essayé d'investir Valenciennes, il y eut un violent combat de cavalerie dans lequel se distingua le régiment.

Le 8 août le maréchal de Luckner, qui avait succédé

au maréchal de Rochambeau dans le commandement de l'armée du Nord, fut remplacé par le général Dumouriez.

Le 14 septembre eut lieu l'affaire de la Croix-au-Bois. A la fin de la journée, le général Chazot, à la tête de la cavalerie, acheva de disperser l'ennemi. Le 3e régiment de cavalerie se distingua dans cette affaire, où fut tué le prince Charles de Ligne. Enfin il prit une part glorieuse à la bataille de Valmy (20 septembre 1792) et à celle de Jemmapes (6 novembre).

Au commencement de 1793 le régiment était en garnison à Douai, lorsque parut la loi du 21 février, substituant au mot de régiment celui de demi-brigade et au grade de colonel celui de chef de brigade. C'est alors que le colonel Bellefonds est remplacé par le chef de brigade Lefebvre.

Cette loi du 21 février 1793 fut confirmée par décret du 28 janvier 1794.

A la fin de 1793 nous trouvons le régiment à Anvers; son dépôt est resté à Douai.

En 1794 il passe à l'armée de Sambre-et-Meuse, d'où à l'armée du Rhin, où il assiste à la bataille de Rastadt (17 messidor an II). Il fait la campagne de l'an V et assiste à la bataille de Biberach (11 vendémiaire). En l'an VI il fait successivement partie des armées de Moselle, d'Allemagne, de Mayence et d'Helvétie. Il est alors commandé par le chef de brigade Morland, que remplace quelque temps après le chef de brigade Meunier.

En l'an VI il passe à l'armée d'Italie et assiste à la bataille de Novi (28 thermidor, 15 août 1799). Il faisait alors partie de la réserve de cavalerie commandée par le général Richepanse (1).

En l'an VII il entre dans la formation de l'armée de réserve et fait partie du corps de cavalerie commandé par Murat.

Le régiment, fort de 150 hommes, assiste à la bataille de Marengo (25 prairial an VII, 18 juin 1800). Il fait alors partie de la brigade Rivaud (2), qui se trouvait à l'aile droite de l'armée, surveillant, dans la direction de Provera, l'aile gauche de Ott, qu'elle inquiéta par plusieurs charges brillantes.

En décembre 1800 il fait partie du corps stationnaire de l'armée d'Italie, (brigade Kister, division Soult). Il est envoyé dans le Piémont et tient garnison à Pignerol.

A la fin de 1801 (3) il rentre en France et est envoyé à Lyon. C'est à cette époque qu'on lui donne la cuirasse (frimaire an X).

En 1802 son uniforme est ainsi composé : habit bleu,

(1) Cette réserve était composée des 1ᵉʳ, 3ᵉ, 5ᵉ et 18ᵉ régiments de cavalerie, du 12ᵉ dragons et du 2ᵉ chasseurs.

(2) La brigade Rivaud comprenait le 21ᵉ chasseurs, le 12ᵉ hussards, le 3ᵉ de cavalerie, le 1ᵉʳ hussards, les grenadiers et chasseurs de la garde.

(3) Au mois de juillet 1801 le 3ᵉ de cavalerie était en garnison à Turin, lorsqu'eut lieu dans cette ville une révolte militaire, dont les promoteurs furent des sapeurs du 1ᵉʳ d'artillerie et des chasseurs du 13ᵉ régiment. Dans son rapport, sur ces faits, au premier consul, le ministre de la guerre, Berthier, regrette que les généraux commandant n'aient pas arrêté l'insurrection en mettant sous les armes le 3ᵉ de cavalerie, dont ils connaissaient le bon esprit et les bonnes dispositions. (*Histoire de l'artillerie*, par le général Suzane.)

parements, revers, collet, pattes de parements et lisérés écarlates, poches en travers, boutons blancs au numéro du régiment, chapeau à la française garni d'une gance blanche, avec boutons blancs, cuirasse (1).

Le régiment est alors sous les ordres du chef de brigade de Préval, depuis le 4 floréal an VII. Lorsque l'Empire rétablit la dénomination de régiment et le grade de colonel, M. de Préval resta colonel du régiment.

Ce ne fut que par l'arrêté du 1er vendémiaire an XII (1803) que le 3e régiment de cavalerie reçut défini-tivement la dénomination de 3e régiment de cuiras-siers. On incorpora alors dans ses rangs un escadron du 25e régiment de cavalerie.

En 1804 on donna aux cuirassiers, à la place du chapeau, le casque à crinière noire, avec houpette de crins, et on les cuirassa par devant et par derrière (2). Ils portaient l'habit-veste bleu, et la couleur écarlate devint la couleur distinctive du régiment. Ils avaient les boutons blancs, les épaulettes rouges et les bottes fortes (3).

L'état-major du régiment était alors composé de 1 colonel, 1 major, 2 chefs d'escadrons, 2 adjudants-

---

(1) L'état-major du régiment est alors composé de : 1 chef de brigade, 2 chefs d'escadrons, 1 quartier-maître trésorier, 2 adju-dants-majors, 1 chirurgien-major. Il comprend 3 escadrons ayant chacun 2 capitaines, 2 lieutenants, 2 sous-lieutenants.

(2) Jusqu'alors les cuirassiers n'avaient eu que la cuirasse de devant; vers le milieu du règne de Louis XIV on leur donna la cuirasse complète, qui fut bientôt remplacée de nouveau par la demi-cuirasse. (*Les Régiments de fer*, par Frédéric de Reiffenberg.)

(3) Le régiment était alors en garnison à Saint-Germain.

majors, 1 quartier-maître, 1 chirurgien-major, 3 aides ou sous-aides chirurgiens, 2 adjudants sous-officiers, 1 brigadier trompette, 1 artiste vétérinaire, 1 maître tailleur, 1 sellier, 1 culottier, 1 bottier, 1 armurier-éperonnier. Le régiment était à 4 escadrons, composés de 2 compagnies de 102 hommes chacune. En 1807 on forma un 5e escadron, qui fut dissous en 1809.

De 1804 à 1805, lors des préparatifs de l'expédition contre l'Angleterre, le 3e régiment de cuirassiers fit de nouveau partie de la réserve de cavalerie.

De 1805 à 1806 il entra dans l'organisation de la Grande armée. Il était alors dans la division Nansouty (1), brigade Saint-Germain, et prit une glorieuse part a la bataille d'Austerlitz (2 décembre 1805). Les cuirassiers exécutèrent de brillantes charges sur les batteries ennemies, dont ils s'emparèrent (2).

L'effectif du régiment, à cette bataille, était de 333 hommes. Il y eut 44 tués et 27 blessés.

La cavalerie de Murat, qui se distingua d'une façon si brillante dans cette journée, comprenait 5 divisions, dont la division Nansouty, formant un effectif total de 8,186 combattants.

Après la paix de Presbourg, le régiment prend part à la campagne de Prusse et assiste à la bataille d'Iéna (14 octobre 1806). Lorsque l'Empereur fit dans Berlin son entrée triomphale, le 27 octobre 1806, on admirait

(1) La division Nansouty comprenait :
   1re brigade (général Piston) : 1er et 2e carabiniers;
   2e brigade (général La Houssaye) : 2e et 9e cuirassiers;
   3e brigade (général Saint-Germain) : 3e et 12e cuirassiers.
(2) *Bulletin de la Grande armée.*

les cuirassiers de Nansouty, rangés en bataille le long de la belle avenue de Charlottenbourg.

A la fin de 1806 le colonel Richeter remplace le colonel de Préval, et le régiment fait alors partie, dans la réserve de cavalerie de la Grande armée, commandée par Murat, de la 1re division de grosse cavalerie (général Saint-Germain) (1), appartenant au 1er corps (général Nansouty). Il assiste à la bataille d'Heilsberg (10 juin 1807) et à celle de Friedland (14 juin), où Nansouty, à la tête de ses cuirassiers, secourut la division Grouchy, ramenée par la cavalerie ennemie.

En 1809 le régiment passe à l'armée du Rhin, qui forme la réserve de la grande armée d'Allemagne. Il assiste avec honneur aux batailles d'Eckmühl (24 avril 1809), d'Essling (22 mai 1809) et aux journées de Wagram (5 et 6 juillet), dans lesquelles la charge des cuirassiers de Nansouty, au village de Sussenbrun fut des plus brillantes et des plus efficaces.

En 1811 le colonel d'Audenarde remplace le colonel Richeter. Le régiment est alors désigné pour faire partie du corps d'observation de l'Elbe. En 1812 il prend part à l'expédition de Russie (1er corps de la

---

(1) La réserve de cavalerie, commandée par Murat, comprenait trois corps : le 1er commandé par le général Nansouty ; le 2e, par le général Montbrun, et le 3e par le général Grouchy.

Le corps Nansouty comprenait deux divisions :

1re division de grosse cavalerie (général Saint-Germain) : 2e, 3e, 9e cuirassiers, 1er chevau-légers ;

5e division de grosse cavalerie (général Valence) : 6e, 11e, 12e cuirassiers, 5e chevau-légers.

réserve de cavalerie) et assiste à la bataille de la Moskowa. C'est en chargeant à la tête de la division Saint-Germain que Nansouty fut blessé. Cette charge eut un immense succès en déblayant les abords d'une forte redoute qu'enleva la division Broussier (1).

En 1813 le colonel Lacroix remplaça le colonel d'Audenarde. Le régiment assiste sous ses ordres aux batailles de Dresde (26 et 27 août) et de Leipzig (16 et 18 octobre).

En 1814 le régiment se trouvait à Hambourg avec le 1ᵉʳ corps. Dans tout le mouvement rétrograde qui s'opère alors, il sert, avec tout le corps de cavalerie, à couvrir la retraite de l'armée et prend part à de nombreux engagements. Le régiment reste dans la même position d'arrière-garde pendant la campagne de France et assiste à la bataille de Champaubert (10 février).

Au retour des Bourbons une ordonnance du 10 mai ajouta à son nom le titre de régiment du Dauphin (2), qu'il perdit aux Cent jours. Il est alors placé dans la réserve du 3ᵉ corps, à l'armée du Nord. Il assiste à la bataille de Fleurus (16 juin 1815) et à celle de Waterloo (3) (18 juin), où il prenait part à ces charges glorieuses et légendaires de nos cuirassiers sur les carrés de l'infanterie anglaise.

Le 23 mars 1815 le 3ᵉ régiment de cuirassiers fut licencié, et son licenciement confirmé par ordonnance

(1) *Relation de la campagne de Russie,* par le commandant Labaume.

(2) Il est alors en garnison à Sarreguemines.

(3) Le colonel Lacroix fut tué en conduisant son régiment dans une dernière charge.

royale du 16 juillet 1815; le fond du régiment fut versé dans le nouveau 6e cuirassiers.

En terminant l'histoire du 3e cuirassiers pendant les guerres de la Révolution et de l'Empire, il m'a paru intéressant de donner ici la liste des officiers et cavaliers qui reçurent des armes d'honneur.

Le 27 août 1793 la Convention en supprimant les ordres de chevalerie, avait décrété qu'il n'y aurait plus d'insignes honorifiques; un arrêté consulaire du 4 nivôse an VIII (26 décembre 1799) porta une première atteinte à ce principe républicain en décrétant que « des armes d'honneur seront accordées aux militaires qui se distingueront par des actions d'éclat en combattant pour la république. »

Le régiment eut une bonne part de ces récompenses, comme le prouve la liste suivante :

Varin (Mathieu), brigadier au 3e cuirassiers, reçut une carabine d'honneur le 22 brumaire an IX, pour avoir fait trois prisonniers et tué un grand nombre d'hommes dans une charge de cavalerie, à Marengo.

Ruges (Henri), sapeur au 3e régiment de cuirassiers, reçut une carabine d'honneur le 22 frimaire an IX, pour avoir fait un grand nombre de prisonniers à Marengo.

Romagny (Pierre), capitaine au 3e cuirassiers, reçut un sabre d'honneur le 28 fructidor an X, pour sa brillante conduite aux armées du Nord, de Sambre-et-Meuse, du Rhin, d'Helvétie et d'Italie (1792-1801).

Lemaire (Pierre), adjudant sous-officier au 3e cuirassiers, obtint un sabre d'honneur le 10 prairial an XI, pour sa conduite distinguée dans un combat d'avant-garde, à l'armée du Rhin (1800), où il fit deux prisonniers et s'empara d'une pièce de campagne.

Coffin, sous-lieutenant au 3ᵉ cuirassiers, reçut un sabre d'honneur le 10 prairial an XI, pour sa conduite distinguée dans les campagnes précédentes.

Eberlin (Christian), maréchal des logis au 3ᵉ cuirassiers, reçut un sabre d'honneur le 29 brumaire an XII, pour la bravoure qu'il déploya dans plusieurs charges de cavalerie.

Ces récompenses peuvent ainsi montrer quelle part glorieuse le régiment prit à ces différentes campagnes.

COLONELS ET CHEFS DE BRIGADE

1791 — 1815

Marquis DE CHAMOY, 1791, colonel.

M. DE MONTCANISY, 1791, id.

LÉGER DE BELLEFONDS, 1791-1793, colonel.

LEFEBVRE, 1793-1796, chef de brigade.

MORLAND, 1796-1798, id.

MEUNIER, 1798-1800, id.

DE PRÉVAL, 24 floréal an VII, chef de brigade; 1804-1806, colonel.

Baron RICHTER, 1806-1811, colonel.

D'AUDENARDE, 1811-1813, id.

LACROIX, 1813-1815, id.

CHAPITRE III

LE 3ᵉ RÉGIMENT DE CUIRASSIERS

(D'Angoulême, 1815. — De Bordeaux, 1824-1830)

Le 3ᵉ régiment de cuirassiers, que nous avons vu supprimé par le décret du 16 juillet 1815, fut rétabli par l'ordonnance du 30 août de la même année, qui constituait de nouveau les corps de cavalerie. Il n'y eut plus que six régiments de cuirassiers; le 3ᵉ reçut par cette même ordonnance le titre de régiment d'Angoulême.

Le régiment fut organisé le 7 février 1816, à Montauban, par M. le comte d'Andlaw, son colonel, assisté de M. Faure, sous-inspecteur aux revues. Il fut reformé avec des volontaires et le fond des anciens 2ᵉ et 8ᵉ régiments de même arme.

Son uniforme était ainsi composé : habit bleu de roi, collet, parements et pattes de parements de couleur distinctive aurore, boutons blancs, cuirasse en acier, casque à la romaine, en acier, crinière en chenille noire.

L'effectif du régiment fut d'abord des plus restreints; c'est ainsi que le 12 novembre 1816 nous le trouvons composé :

1 colonel,

1 chef d'escadrons,

1 major,

2 adjudants-majors,

1 chirurgien-major,

2 capitaines,

2 lieutenants,

2 sous-lieutenants,

2 adjudants,

4 maréchaux des logis chefs,

7 maréchaux des logis et fourriers,

89 brigadiers, cuirassiers et trompettes.

Ce qui nous donne un total de 14 officiers et 112 hommes, avec 14 chevaux d'officiers et 115 chevaux de troupe,

C'est à cette date et ainsi formé qu'il partait de Montauban, sous les ordres du maréchal de camp comte d'Havricourt, pour marcher sur Toulouse, où il y avait eu une émeute à cause de la cherté des grains. Le régiment s'arrêta à Grisolles, où il resta cantonné les 13, 14 et 15, et rentra dans ses quartiers le 16.

Le 13 février 1817 le régiment, fort de 25 officiers, 193 hommes et 190 chevaux, quittait Montauban pour se rendre à Vendôme, où il arrivait le 23. Le 18 octobre 1818 il quittait Vendôme pour Besançon, et en 1819 il prenait ses quartiers à Dôle le 8 avril.

L'année suivante, le 13 février 1820, le duc de Berry était assassiné par Louvel. Le régiment d'Angoulême ne pouvait manquer de prendre sa part de la profonde douleur dans laquelle cet affreux événement plongeait la famille royale. C'est à cette occasion que le comte d'Andlaw adressa à Son Altesse Royale monseigneur duc d'Angoulême la lettre suivante :

« Monseigneur,

« Je viens déposer aux pieds de Votre Altesse Royale les tributs de douleur et d'indignation dont se sont sentis pénétrés les officiers, sous-officiers et cuirassiers de votre régiment à la nouvelle de l'horrible attentat qui jette dans la consternation ce que la France contient de sujets fidèles. Stériles larmes ! regrets impuissants ! rien ne peut rendre à sa patrie un prince pour lequel nous eussions avec joie versé notre sang.

« Organe de sentiments si vrais, personne mieux que moi ne pouvait les sentir et les exprimer. Pendant trois mois de 1815, sous les ordres de monseigneur le duc de Berry, j'avais appris à le connaître, et mon dévouement avait mérité ses bontés. Je n'oublierai jamais que c'est à ces mêmes bontés que, de retour en France, je dus l'honneur d'être choisi par Votre Altesse Royale pour commander son régiment.

« Qu'il me soit permis, Monseigneur, de renouveler en vos mains un serment depuis longtemps gravé dans mon cœur : fidélité au roi, dévouement absolu à son auguste famille.

« Je suis, etc. »

La réponse ne se fit pas attendre, et le colonel recevait de M. le duc de Damas, au nom de Son Altesse Royale, la lettre suivante :

« Paris, le 26 février 1820.

« Monsieur le comte,

« Monseigneur duc d'Angoulême a reçu la lettre que vous lui avez adressée au nom de MM. les officiers, sous-officiers et cuirassiers de son régiment, à l'occasion du terrible événement qui plonge la famille royale dans la plus amère douleur, et la France dans le deuil. Son Altesse Royale connaît et apprécie vos sentiments. Elle a été sensible aux trop justes regrets que vous donnez à la mémoire et à la mort cruelle d'un frère qu'elle aimait tendrement. Monseigneur vous charge d'en remercier de sa part ses braves et fidèles cuirassiers.

« Je suis, etc. »

Quelques mois après le duc d'Angoulême honorait le régiment de sa visite à Dôle (14 mai 1820). C'était la première fois que le prince voyait son régiment, aussi l'examina-t-il dans tous ses détails et d'une façon toute particulière : il assista à une manœuvre et, en rentrant en ville, il se mit à la tête du régiment jusqu'au quartier, où il parla aux cuirassiers. Il accorda à ces derniers une gratification et du vin, aux officiers une croix de Saint-Louis et deux de la Légion d'honneur, et donna des chevaux à deux officiers qui avaient perdu les leurs.

Le lendemain du départ de Son Altesse Royale, des députations d'officiers du régiment, et de sous-officiers et cuirassiers, se présentèrent chez le colonel pour lui exprimer leur désir d'offrir un jour de solde pour contribuer à l'érection d'un monument à la mémoire de monseigneur le duc de Berry. Le montant de la souscription s'éleva à 370 fr. 20 cent., qui furent envoyés à Paris.

Cette même année, à l'occasion du nouvel an, les officiers envoyèrent à monseigneur le duc d'Angoulême l'adresse suivante :

« Monseigneur,

« Les officiers du régiment de Votre Altesse Royale espèrent qu'elle voudra bien agréer les vœux qu'ils forment constamment pour elle.

« La faveur dont elle a daigné les honorer cette année vivra éternellement dans leur souvenir, et leur unique ambition sera toujours de prouver à Votre Altesse Royale leur entier dévouement.

« Ils sont avec respect, Monseigneur, etc. »

Le colonel aide de camp, M. le vicomte de Champagny, répondait en ces termes au colonel, au nom de Son Altesse Royale :

« Monsieur le commandant,

« Monseigneur duc d'Angoulême a reçu la lettre qui contient l'expression des vœux que vous et les officiers de son régiment formez pour lui. Son Altesse Royale me charge de vous mander qu'elle y a été fort sensible, afin que vous le fassiez connaître aussi à ceux qui ont signé avec vous cette lettre. Elle veut en outre que je vous dise qu'elle a eu grand plaisir à se trouver au milieu de vous lors de son dernier voyage, et qu'elle espère que le régiment d'Angoulême donnera, dans toutes les occasions, l'exemple du dévouement au roi et d'un zèle à toute épreuve pour son service. »

Le 5 octobre 1821 le régiment quittait Dôle pour Nancy, emportant les regrets unanimes de la population. On pourra en juger par cet article d'un journal de la localité, dont le régiment reçut plusieurs exemplaires à son arrivée à Nancy.

« Dôle, 7 octobre 1821.

« Le régiment des cuirassiers d'Angoulême a quitté Dôle le 5 de ce mois, pour aller tenir garnison à Nancy. On ne peut que féliciter les habitants de cette dernière ville. Les cuirassiers d'Angoulême laissent à Dôle d'honorables souvenirs; il est impossible de voir un corps mieux discipliné et qui, par ses sentiments et son zèle pour le roi et son auguste famille, offre plus de garanties à l'État. Lorsque Son Altesse monseigneur le duc d'Angoulême partit de Dôle, où il avait daigné s'arrêter deux jours, il dit à M. Dupillet, maire de cette ville : *Je suis très-content des habitants de Dôle et de vous, et je vous en témoigne ma satisfaction en vous laissant mon régiment.* Les cuirassiers d'Angoulême ont justifié la confiance du prince : la plus parfaite harmonie a toujours régné entre eux et les bourgeois, qui les ont vu partir à regret. Monsieur le maire est allé en costume leur faire ses adieux à la porte de la ville; la garde nationale et les sapeurs pompiers, précédés de la musique, ont accompagné les cuirassiers à un quart de lieue ; là, on a crié *vive le roi!* on a bu à la santé du régiment et de la ville ; on s'est embrassé et l'on s'est quitté avec les sentiments les plus affectueux. »

Le 20 mai 1824 le régiment fournit au camp de Lunéville deux escadrons commandés par le colonel. Le 4 octobre les escadrons restés à Nancy étaient réunis pour recevoir monseigneur le duc de Bordeaux colonel, en remplacement de monseigneur le duc d'Angoulême, passé Dauphin. Une ordonnance du 21 septembre avait déjà donné au régiment le nom de Bordeaux, à la place de celui d'Angoulême.

Le 7 octobre le ministre de la guerre (1) passait en revue les escadrons de Nancy, et le 9 ceux de Lunéville rentraient dans leur garnison, rapportant les plus grands éloges du lieutenant général Marmont, qui commandait le camp.

Le 4 novembre le régiment quittait la garnison de Nancy pour celle de Sedan, où il arrivait le 10.

Le 20 mai 1825 le colonel, avec un escadron choisi dans tout le régiment et les plus anciens officiers de chaque grade, partit pour assister, à Reims, au sacre de Sa Majesté Charles X. Cet escadron fut logé à Prunay, près de Reims ; il reçut, à la revue du roi, les compliments les plus flatteurs sur sa belle tenue. M. de Reyau, capitaine adjudant-major, et le maréchal des logis chef Longin reçurent de Sa Majesté, à cette revue, la croix de la Légion d'honneur. Le colonel d'Andlaw fut nommé

(1) Le marquis de Clermont-Tonnerre, lieutenant général, pair de France, ministre de la guerre (4 août 1824 - 4 janvier 1828).

maréchal de camp des armées du roi; il fut remplacé dans le commandement du régiment par M. de Mondoret, auquel succéda, en 1827, le comte de Saint-Belin-Malain.

Le 2 avril 1827 le régiment des cuirassiers de Bordeaux quittait la garnison de Sedan et se rendait à Aire, où il arrivait le 12. L'effectif du régiment était alors de 32 officiers avec 39 chevaux, 540 sous-officiers et cuirassiers, 421 chevaux de troupe.

Pendant leur séjour à Aire, de grandes manœuvres eurent lieu devant le roi, du 17 août au 15 septembre. Le régiment y envoya 3 escadrons, qui furent cantonnés dans les villages. L'état-major était à Tuthinghen, à 4 lieues d'Aire. Le roi passa à Aire le 16 septembre et fut escorté par le régiment.

Le 2 juin 1829 le régiment partait tenir garnison à Lille; il s'y trouvait encore lorsqu'éclata la révolution de juillet 1830. Le régiment des cuirassiers de Bordeaux redevenait alors le 3ᵉ régiment de cuirassiers.

COLONELS

1815-1830

Le comte d'ANDLAW, 1815-1825.[1]

M. DE MONDORET, 1825-1827.

Le comte DE SAINT-BELIN-MALAIN, 1827-1830.

CHAPITRE IV

LE 3e RÉGIMENT DE CUIRASSIERS
1830-1870

Sous le nouveau régime, le colonel Brice remplaça le comte de Saint-Belin qui s'était retiré. C'est sous ses ordres que le régiment quittait Lille le 30 octobre 1830, pour aller prendre garnison à Lunéville, où il arrivait le 21.

Le décret du 19 février 1831 réorganisait les régiments de cavalerie et portait le nombre des régiments de cuirassiers à 10. Le 3e régiment conservait même uniforme et même couleur distinctive aurore. Le 12 juin le régiment partait pour Strasbourg, assister à la revue du roi, à laquelle le colonel Brice fut fait officier de la Légion d'honneur.

Quatre escadrons furent formés et mis en route, le 28 novembre 1831 pour Vesoul, où ils devaient recevoir de nouveaux ordres. C'était le moment où l'armée du Nord se formait pour la campagne de Belgique; peut-être le 3e cuirassiers devait-il y prendre part; en tout cas, après trois jours de séjour à Vesoul, il repartit, le 6 décembre, pour Lunéville.

Il quittait cette garnison les 5 et 6 avril 1833 pour celle de Beauvais, où il arrivait les 20 et 26. Son effectif était alors de 40 officiers, 707 sous-officiers et soldats, 11 enfants de troupe, 61 chevaux d'officiers et 563 chevaux de troupe. Quelque temps après son arrivée à Beauvais (juin 1833), le régiment envoyait onze détachements qui devaient escorter le roi de Beaumont à Eu, aller et retour, et qui furent échelonnés sur le parcours.

Le régiment était représenté par un détachement à la revue que le roi passa à Paris le 28 juillet, pour l'anniversaire de la révolution à laquelle il devait de régner. Ce détachement partit de Beauvais le 26 juillet, fut cantonné le 27 dans les villages de Saint-Denis, Villetaneuse, Pierrefitte, Asnières, Saint-Ouen et Clichy-la-Garenne. Il assistait à la revue du 28 et quittait ses cantonnements le 30, pour rentrer à Beauvais le 31.

Le régiment quittait Beauvais les 5 et 7 février pour Tours, où il arrivait les 18 et 20. La première colonne était commandée par le lieutenant-colonel de Saint-Paer, la deuxième par le colonel Brice. De Tours (octobre 1834) il partait pour Gray, qu'il quittait pour Haguenau (janvier 1836).

Le 21 juillet 1838 trois escadrons de manœuvre étaient dirigés sur le camp de Lunéville, où ils arrivaient le 24. Ils étaient alors sous les ordres du colonel Raoul, qui avait remplacé l'année précédente le colonel Brice. Le 7 octobre ils quittaient Lunéville et arrivaient le 22 à Melun, leur nouvelle garnison.

En 1839 trois escadrons faisaient partie du camp de Fontainebleau du 23 août au 8 octobre. Par ordonnance du 5 mai 1841, M. Guicherd remplaçait dans le commandement du régiment M. Raoul, nommé dans la gendarmerie. Le régiment était alors à Provins. C'est à cette époque que l'on donna aux cuirassiers l'habit sans revers. La couleur distinctive du régiment fut alors orange; l'ancien casque à chenille fut aussi remplacé par le casque d'acier à cimier de cuivre, avec turban noir et crinière noire.

En 1842 le régiment est désigné pour faire partie du camp d'opérations sur la Marne, sous les ordres du duc d'Orléans. Le duc de Nemours y commandait la cavalerie. Le régiment était de la brigade d'Y de Revigny, division comte Dejean. A cet effet, le régiment, fort de 528 hommes, 33 officiers et 491 chevaux, partit de Provins le 14 juillet pour se rendre à Melun, point de réunion de la brigade; mais le camp n'ayant pas eu lieu le régiment fut dirigé sur Compiègne, où le duc de Nemours le passa en revue, et rentra à Provins le 11 septembre.

Le 2 octobre 1842 le régiment allait tenir garnison à Saint-Mihiel, détachant un escadron à Verdun.

Au mois de septembre 1845 il prenait garnison à Châlons, avec détachement à Vitry.

Le 25 juillet 1846 quatre escadrons de manœuvre sont envoyés à Lunéville pour faire partie de la division de cavalerie de réserve destinée à expérimenter le système du major Etier. Ils sont casernés au quartier des cadets. Le détachement de Vitry fut alors réuni à Châlons avec le dépôt jusqu'au retour des escadrons mobilisés, qui rentrèrent le 9 octobre.

Le régiment était encore à Châlons quand éclata la révolution de 1848. Le 1er mars de cette année il dut envoyer le 2e escadron à Reims pour y maintenir l'ordre. Cet escadron rejoignit le régiment à Meaux, sa nouvelle garnison, le 30 mars. A peine arrivé, le 5e escadron est envoyé à Coulommiers, où des troubles avaient éclaté.

Le colonel assista avec un escadron et la musique à la revue du 17 avril. Les membres du gouvernement provisoire lui remirent un étendard.

Le 24 juin le régiment arrivait à Paris, où il prit part aux journées des 25 et 26 juin contre les insurgés.

Un escadron avait été d'abord détaché à Melun ; ce détachement fut changé en celui de Rouen (11 octobre).

Par arrêté du 12 septembre 1848, M. le colonel Guicherd étant passé, sur sa demande, à l'état-major des places, fut remplacé par M. Pellagot, lieutenant-colonel du 7e cuirassiers.

Le 12 juin 1849 le régiment partait à huit heures du soir pour occuper, en avant de Bondy, des positions qui lui avaient été antérieurement désignées et dans lesquelles il resta jusqu'au 14 à midi ; il alla alors s'établir au champ de Mars, dans la contre-allée de droite. Le 16 il monta à cheval pour une revue, et rentra à Meaux le 17.

Le 9 août le 1er escadron, alors détaché à Rouen, partit pour le Havre, où il assista, le 12, à la revue passée par le président de la République.

M. Pellagot ayant été nommé au commandement de

la 17e légion de gendarmerie, fut remplacé par M. de Brunet, par décret du 9 décembre 1849.

Au mois de septembre 1850 les quatre escadrons mobilisés du régiment étaient dirigés sur Lyon et le dépôt sur Vesoul. Le régiment resta cantonné aux environs de Lyon jusqu'en novembre 1852, où il vint occuper le quartier de la Part-Dieu.

Par décret du 31 mai 1852, M. de Brunet, nommé au commandement de la place de Besançon, avait été remplacé par le comte de Drée, colonel du 8e chasseurs.

Le 20 septembre le président de la République passa à Lyon une revue à laquelle assista le régiment.

En 1855 les escadrons mobilisés faisaient partie du camp de Haguenau, sous le commandement du général de Tartas, dans la brigade du général Dumay.

C'est à cette époque (1) que le 6e escadron fut formé.

Le régiment a pour couleur distinctive le blanc, et il est dès lors monté en chevaux gris jusqu'à la guerre de 70.

En mars 1856 les escadrons mobilisés partirent pour Versailles; le dépôt alla s'établir à Provins, qu'il quitta au mois de juin pour Aire.

Au mois d'octobre 1857 le régiment est réuni à Colmar.

Le colonel de Drée, ayant été nommé général de brigade par décret du 26 mai 1859, est remplacé par M. de Bruchard, lieutenant-colonel du 5e cuirassiers. Les 1er, 2e, 3e et 6e escadrons mobilisés font alors

(1) Mai 1854.

partie de l'armée d'observation du Rhin, sous le commandement du maréchal duc de Malakof, et sont embrigadés avec le 5ᵉ cuirassiers, alors en garnison à Belfort, sous les ordres du général de Cambiaire.

Au mois d'octobre les escadrons mobilisés partent pour Lunéville, le dépôt pour Toul.

Le régiment forme alors, avec le 2ᵉ cuirassiers, la 1ʳᵉ brigade, sous les ordres du général d'Oullembourg. La division était commandée par le général Daumas, que remplaça en mai 1860 le général Reyau.

Au commencement de 1860 l'habit-veste fut enlevé aux cuirassiers et remplacé par la tunique en drap bleu foncé, à une rangée de boutons, avec passe-poils et collet garance, parements bleus et pattes garance, boutons en étain avec grenade et numéro du régiment; la jupe, longue, à six boutons, se relevait sur les côtés étant doublée de garance. Il n'y eut plus de couleur distinctive pour chaque régiment.

En octobre le comte de Noue remplace le général Reyau, et le vicomte de Montfort le général d'Oullembourg.

Le 17 mai 1861 le maréchal Canrobert, qui commandait à Nancy, vint passer en revue la division de Lunéville.

Le 10 août le régiment partait pour le camp de Châlons, où il assistait, le 23, à la revue de l'empereur. Le colonel de Bruchard y fut fait commandeur de la Légion d'honneur, le lieutenant-colonel de Vandœuvre officier, et le lieutenant Gennesseaux chevalier.

Le 10 septembre le dépôt partait pour Beauvais, et

les escadrons mobilisés quittaient le camp le 15 pour se rendre à Versailles.

Pendant son séjour à Versailles le régiment assistait aux différentes revues que l'empereur passait à Paris. Il y eut plusieurs croix et médailles.

Au mois d'avril 1863 la portion principale du régiment était à Saint-Mihiel; deux escadrons étaient détachés à Commercy. Le 23 mai le maréchal de Mac-Mahon passa en revue le régiment et visita les établissements militaires de la garnison. Il vit le 24 les escadrons de Commercy.

Le 2 janvier 1866 le 6e escadron, ayant été supprimé, entra à Saint-Mihiel pour être versé dans les autres escadrons.

Au mois d'avril le régiment part pour Limoges (1), d'où il dirige sur le camp de Châlons, le 1er avril 1868, quatre escadrons mobilisés, qui firent brigade avec le 7e cuirassiers, sous les ordres du général de Grammont. Le dépôt partait, de son côté, pour Sedan, où le régiment le rejoignait à la levée du camp (30 juin).

Le régiment fut alors démobilisé. L'état-major resta à Sedan avec un escadron; les autres escadrons furent détachés, un à Donchery, un à Rocroy, deux à Givet.

C'est cette année que les cuirassiers virent leur tenue éprouver la légère modification du raccourcissement de la jupe de la tunique, qui ne conserve plus que les deux boutons de la taille.

___

(1) Le colonel de Bruchard, nommé général de brigade, est remplacé par M. Lafutzun de Lacarre (août 1867).

Le 11 septembre 1869 le régiment, mobilisé à quatre escadrons, partait pour Lunéville, et le dépôt (2e escadron) pour Toul.

Le régiment était ainsi établi en 1870, lorsque la guerre éclata entre la France et la Prusse.

CHAPITRE V

L'ARMÉE DU RHIN

1870 (30 juillet — 2 septembre)

Au moment de la déclaration de guerre la division des cuirassiers de Lunéville était ainsi composée :

Général de division (vicomte DE BONNEMAINS, commandant).

1re brigade (général GIRARD) : 1er cuirassiers, colonel de Vandœuvre; 4e cuirassiers, colonel Billet.

2e brigade (général DE BRAUER) : 2e cuirassiers, colonel baron Rosetti; 3e cuirassiers, colonel de Lacarre.

L'ordre de départ arriva le 30 juillet. La division prenait le nom de la 2e division de réserve de cavalerie et relevait ainsi directement du major général de l'armée. Mais à partir du 4 août elle reçut les ordres du maréchal de Mac-Mahon et suivit le premier corps pendant le reste de la campagne.

La division quittait Lunéville le 2 août et arrivait le jour même à Blamont; le 3 elle était à Sarrebourg et le 4 à Saverne, qu'elle quittait le soir même, à dix heures, dirigée sur Haguenau, où elle arrivait le 5 à quatre heures du matin; elle en repartait à onze heures pour

Reichshoffen, où elle arrivait à trois heures. Le bivac fut immédiatement établi en avant du village, la gauche à la route de Froeschwiller. Le lendemain, 6 août, la division montait à cheval à huit heures; elle débouchait à neuf heures sur le plateau de Froeschwiller et s'établissait aux sources de l'Ebersbach. La bataille à ce moment commençait. A onze heures les obus arrivaient déjà dans les lignes de la division et la forçaient d'appuyer plus à droite. C'est dans cette position qu'elle reçut, sur les deux heures, l'ordre de charger.

« A ce moment les bataillons prussiens, après avoir repoussé l'attaque de l'infanterie française, s'étaient en majeure partie reformés; ils s'avançaient par Elsasshausen et la hauteur nord, à la suite de l'adversaire en retraite sur Froeschwiller. A droite et à gauche d'Elsasshausen, 7 batteries du xe corps étaient en position. Le terrain sur lequel la division Bonnemains allait charger était excessivement défavorable, car de nombreux fossés bordés d'arbres à hauteur d'homme gênaient les mouvements des masses de la cavalerie, tandis que l'infanterie trouvait un appui dans les vignes et dans les houblonnières entourées de clôtures. Aussi cette dernière n'avait-elle recours aux groupes que sur quelques points seulement; elle demeurait en majeure partie dans sa formation actuelle et recevait la charge par un feu à volonté du plus meurtrier effet, que les batteries appuyaient vigoureusement en tirant d'abord à obus, puis à mitraille (1). » C'est dans ces conditions

____

(1) *La Guerre franco-allemande de* 1870-71, rédigé par le grand état-major prussien, traduction Costa de Cerda.

que la charge s'exécuta. Le 1er cuirassiers chargea le premier, ensuite le 4e, puis le 2e. Il est environ deux heures et un quart quand les escadrons de droite du régiment s'ébranlent pour charger à leur tour; le colonel de Lacarre est prêt à commander, lorsqu'un obus lui emporte la tête. Les escadrons continuent leur charge; les 4e et 5e escadrons s'apprêtent à les remplacer, lorsque le maréchal fait parvenir l'ordre de les arrêter au lieutenant-colonel de La Salle, qui a pris le commandement du régiment.

La division, le 3e cuirassiers formant l'arrière-garde, se retire alors lentement sous une pluie d'obus, se remet plusieurs fois face en tête, traverse le chemin de fer à la gare de Reichshoffen et rejoint à travers champs la route de Niederbronn à Saverne, où elle arrive à trois heures du matin, le 7 août.

Les pertes du régiment à la bataille de Reichsohffen furent : le colonel et 7 cuirassiers tués; les capitaines Matter, Fuchey, Blume et Lamotte, et 48 cavaliers blessés; 1 officier (1) et 91 cavaliers disparus.

La division quittait Saverne le soir même du 7 août pour Sarrebourg. Elle prenait alors la route de Châlons par Blamont, Lunéville, Colombey, Neufchâteau, Poissons, Saint-Dizier, Vassy, Frignicourt. Elle arrivait le 19 au camp, où se trouvait l'armée tout entière de Mac-Mahon, qui se reformait. Les égarés rejoignent leurs régiments, on reçoit des renforts des dépôts, les vides sont comblés autant que possible. Le lieutenant-

(1) M. le sous-lieutenant Pellagot, enfermé dans Strasbourg, y fut pris.

colonel de La Salle est alors nommé colonel du régiment et remplacé par le commandant Pinard.

Le 23 la division quittait le camp, où l'on avait brûlé les immenses approvisionnements qui s'y trouvaient. Elle prend la route de Rethel et établit son bivac entre les villages de Saint-Hilaire et de Vaudesincourt, où se trouve le quartier général. Le 3e cuirassiers est appuyé au village d'Auberive. Le 29 on bivaque à Pont-Faverger, le 25 à Rethel, le 26 à Attigny. Le 27, le général ayant reçu pendant la nuit l'ordre d'aller se mettre à la disposition du général commandant le 7e corps, on partit d'Attigny sans bagages, à cinq heures du matin, pour arriver à Vouziers à huit heures. Après quatre heures de halte à l'entrée du village, on reçoit l'ordre de regagner Attigny en envoyant des reconnaissances dans la direction de Monthois et de Somme-Py. La division quitte donc Vouziers à midi et prend la route de Reims pour reprendre à Mazagran celle d'Attigny, où elle arrive à cinq heures du soir. On reprend alors le bivac de la veille et, vu la proximité de l'ennemi, les grand'gardes sont doublées.

L'ordre arrive dans la nuit de partir à l'aube pour Launois. La tête de colonne se trouvait à neuf heures du matin sur la route de Mézières à Amogne, quand arrive un contre-ordre : la division doit aller bivaquer au Chêne-Populeux, où l'on arrive à onze heures et demie. L'une des brigades était déjà installée au bivac quand arrive un deuxième contre-ordre : le général reçoit l'ordre de se porter aux Grandes-Armoises. A 1 kilomètre du village on reçoit un troisième contre-ordre. La colonne fait demi-tour et va bivaquer à Tauhay, où elle arrive à cinq heures du soir, après douze heures de marche sous une pluie continuelle.

Le lendemain 29 l'empereur et le maréchal, avec le 1er corps, arrivaient à Raucourt au moment où la division y installait son bivac. Le 30 elle prenait la route de Carignan, passait la Meuse à Augicourt et bivaquait le soir, à minuit, près de la gare de Douzy.

Le 1er septembre, à quatre heures du matin, on faisait prendre aux bagages la route de Mézières; et la division allait se former sur le bord d'un ravin situé à l'est du plateau de Floing, sur le chemin qui conduit de ce village au plateau d'Algérie. Le canon et la fusillade commencent déjà à se faire entendre (quatre heures et demie). Vers six heures un peloton du régiment est envoyé en reconnaissance du côté d'Eges et de Saint-Menge; mais en arrivant à hauteur de ce village, il est accueilli par une violente fusillade qui le force à rétrograder. Les Prussiens avaient effectué le passage de la Meuse. C'est à ce moment que deux batteries prussiennes prennent d'enfilade la division, qu'elles forcent à descendre dans le ravin.

Vers une heure les Prussiens attaquent Floing et les obus tombent de tous côtés sur le régiment, qui a quelques hommes et quelques chevaux tués et blessés. La division quitte alors le ravin et passe sur le plateau, au milieu d'une véritable pluie d'obus. La colonne se dirige sur Ballan en rasant les glacis du nord de la place, mais la tête de colonne est arrêtée par une grêle de balles à l'entrée d'un bois que traverse la route de Ballan. La division rétrograde sur Sedan.

C'est à ce moment qu'eut lieu la fameuse charge dirigée par le commandant d'Alincourt, du 1er régiment de cuirassiers : un escadron du 1er cuirassiers, une trentaine de chasseurs d'Afrique du 4e régiment, le 5e escadron du 3e cuirassiers, commandé par le capitaine Fuchey, se dirigent au galop vers Floing, traversant à la charge le village, à la sortie duquel ils sont arrêtés par une barricade gardée par un bataillon prussien. Des tirailleurs sont à toutes les fenêtres; tous nos cavaliers sont tués ou pris.

A quatre heures et demie ce qui restait de la division était dans Sedan, où elle était entrée par une poterne donnant dans la citadelle. Les obus, qui tombent de tous côtés sur la ville, tuent encore quelques cavaliers. On hisse le drapeau blanc.

Le 3 septembre la division montait à cheval, sans armes, à sept heures du matin, pour aller se constituer prisonnière; officiers et soldats étaient ensuite parqués dans la presqu'île de Glaire : c'est ce qu'on appela *le camp de la Misère*.

Le 6 septembre les officiers supérieurs du régiment se réunissaient au général de Bonnemains pour se rendre, sur parole, à Pont-à-Mousson. Le 7 les autres officiers étaient compris dans un détachement de 500 officiers que l'on transportait en Prusse; les sous-officiers et soldats étaient mis en route le 8 pour semblable destination.

CHAPITRE VI

LE DÉPOT

1870 - 1871

Le dépôt du régiment, composé du 2e escadron et du peloton hors rang, était resté à Toul au moment du départ des escadrons mobilisés pour l'armée du Rhin. C'est là qu'il reçut, le 11 août, l'ordre du ministre de partir pour Sedan. L'arrivée des Prussiens était imminente et le départ devait s'effectuer par les voies ferrées ; mais le matériel manquant, le dépôt dut partir par les voies ordinaires, abandonnant tout son magasin d'habillement, ainsi que les bagages des officiers, qui, à la prise de Toul, tombèrent entre les mains de l'ennemi.

Le dépôt quitta Toul à quatre heures du soir et arriva à dix heures à Commercy, où hommes et chevaux bivaquèrent dans le petit terrain derrière le quartier. Il trouva à Commercy le matériel nécessaire pour continuer sa route par le chemin de fer et, parti le 13, il arriva à Sedan le 15.

Le 29 août le dépôt était dirigé sur Maubeuge, où il resta jusqu'au 8 septembre ; là il forma le 6e escadron, conformément au décret du 26 août 1870.

Le dépôt, en partant pour Vendôme, était donc composé du peloton hors rang et de 2 escadrons, le 2ᵉ et le 6ᵉ. A Vendôme le 2ᵉ escadron fut mobilisé et détaché provisoirement à Montoire, où il devait achever sa formation.

Le 25 septembre cet escadron partait, par les voies ferrées, pour Limoges, où se formait le 3ᵉ cuirassiers de marche, dont il devait faire partie, tandis que le dépôt était dirigé, également par les voies ferrées, sur Pontivy. Là, les chevaux furent logés dans une vieille église, et les hommes chez l'habitant.

Conformément à la dépêche ministérielle du 21 septembre, on procéda le 1ᵉʳ octobre à la formation d'un escadron provisoire, qui devenait plus tard le 5ᵉ du régiment.

Le 20 octobre le 6ᵉ escadron, mobilisé, est dirigé sur le 4ᵉ cuirassiers de marche, en formation à Ancenis. (Circulaire ministérielle du 18.) Le 23 novembre on forma un nouvel escadron de marche, que l'on dirigea sur le camp de Conlie. (Circulaire ministérielle du 12 novembre.) Cet escadron devait faire partie du 6ᵉ cuirassiers de marche, mais l'ordre de désignation pour ce régiment ne lui étant pas arrivé, il resta isolé jusqu'au 28 janvier, époque de sa rentrée au dépôt. Il fut dirigé sur l'armée de Versailles le 19 mars, et fut enfin versé au 6ᵉ cuirassiers par décision ministérielle du 10 mai.

Le dépôt quittait Pontivy le 9 janvier 1871 pour se rendre à Fougères, où il arrivait le 13. Le 2 février on formait un 4ᵉ escadron de marche (circulaire ministérielle du 27 janvier) qui était dirigé le même jour sur le 10ᵉ cuirassiers de marche, en formation à Niort.

Le dépôt resta à Fougères jusqu'à la fin de la guerre et pendant les affaires de la Commune. Le 15 juin il était dirigé sur Abbeville, qu'il quittait le 26 juillet pour la garnison d'Hesdin.

CHAPITRE VII

LE 3e RÉGIMENT DE MARCHE DE CUIRASSIERS

ARMÉE DE LA LOIRE (septembre 1870 — mars 1871)

Le 3e régiment de cuirassiers de marche fut formé à Limoges, par décision ministérielle du 24 septembre 1870. Il se composait de 4 escadrons venus des 2e, 3e, 8e et 9e cuirassiers. Le lieutenant-colonel Treboute le commandait. Son effectif, à sa formation, était de 35 officiers, 503 hommes et 489 chevaux.

Lorsque le régiment fut complétement organisé, les hommes et les chevaux, qui avaient été logés les premiers jours chez l'habitant, furent campés sur la place d'Orsay.

Le 14 octobre le régiment recevait l'ordre de départ immédiat ; l'embarquement avait lieu le soir même, et les escadrons étaient dirigés sur Tours en deux trains.

Les escadrons de droite, qui arrivèrent les premiers, furent débarqués et passèrent la nuit au quartier. Les autres escadrons, qui n'arrivèrent que fort tard dans la nuit du 15 au 16, continuèrent leur route en chemin de fer jusqu'à Blois, où ils furent rejoints le 17 par les escadrons de droite, qui, la veille, avaient fait étape à Amboise.

Le régiment fut campé sur la rive gauche de la Loire, dans un terrain très-sablonneux, où les piquets des tentes et des chevaux avaient grand'peine à tenir. Il est embrigadé avec le 4e dragons, sous les ordres du général Abdelal, faisant partie de la division Ressayre, dans le 16e corps, alors en formation, sous le commandement du général Pourcet.

Le 21 le régiment était désigné pour accompagner de l'artillerie à Vendôme et à Ouques. Il fait alors partie d'un petit corps d'observation que commande le général Barry, en avant de Vendôme. Il bivaque successivement aux fermes de Meslay et de Touche-Belle, à Fontenay-le-Bois et à Ouques, qu'il quitte le 28 pour rejoindre, à Marchenoir, la brigade augmentée du 4e régiment de marche de cavalerie légère mixte. Toute la division (1) était réunie et bivaquait entre le village et la forêt. L'armée de la Loire se trouve alors organisée, sous les ordres du général d'Aurelles de Paladine, et composée des 15e et 16e corps.

Le 7 novembre le régiment quittait Marchenoir pour rejoindre le reste de la brigade, établi depuis deux jours à Autainville, avec le général Abdelal. Le jour même il assistait au combat de Saint-Laurent des Bois, engagement de nos avant-postes avec une forte reconnaissance prussienne, qui fut repoussée avec des pertes sensibles.

(1) La division était ainsi composée :
Général de division, Ressayre ;
1re brigade (général Tripart) : 1er régiment de marche de hussards, 2e régiment de marche de cavalerie légère mixte;
2e brigade (général Digard) : 6e lanciers, 3e régiment de marche de cavalerie légère mixte ;
3e brigade (général Abdelal) : 3e régiment de marche de cuirassiers, 4e régiment de marche de dragons, 4e régiment de marche de cavalerie légère mixte.

Les dragons de notre brigade prirent, dans Vallière, une quarantaine de Bavarois avec un officier.

Le lendemain, 8, la brigade était ralliée à Autainville par la division, qui allait camper entre les villages de Prénouvelon et d'Ourcis.

Le 9 le régiment montait à cheval à huit heures. Les divisions de cavalerie des 15ᵉ et 16ᵉ corps, réunies sous les ordres du général Reyau, devaient exécuter un mouvement tournant dans la direction de Tournoisis; mais, ayant trop appuyé à droite, toute cette cavalerie vient donner contre le village de Saint-Sigismond et essuie une violente canonnade qui lui fait éprouver quelques pertes. Le général Ressayre est blessé, et le général Reyau donne l'ordre de la retraite. Le général Abdelal prend alors le commandement de la division, qui va bivaquer à la borde de Seronville.

Le lendemain, 10, le camp est levé sur les deux heures et la division vient camper le soir à Tournoisis, où l'on apprend l'occupation d'Orléans, suite de la victoire de Coulmiers. Le régiment, d'abord bivaqué à l'entrée et sur la droite du village, reçoit l'ordre, le 13, d'aller occuper les fermes de Villemain, Poiseau et Presailles. Le 14 le général Michel vient prendre le commandement de la division, et le 18 le régiment se cantonnait dans Tournoisis, où était déjà établi le 4ᵉ dragons. Le 4ᵉ mixte était aux avant-postes à Patay.

Le 29 novembre, en rentrant d'une reconnaissance sur la Chapelle-Onzerain, le régiment eut avec la cavalerie prussienne un engagement dans lequel le général Guyon-Vernier, qui avait remplacé le général Abdelal, nommé général de division, fut blessé de plusieurs coups de sabre. Le régiment, après avoir repoussé cette attaque, allait s'établir à Saint-Sigismond. Tournoisis, vu l'approche de l'ennemi du côté de Châteaudun, que le 17e corps avait évacué, était occupée par de l'infanterie et de l'artillerie.

Le 30 la division faisait sur Patay une reconnaissance sans résultat. En rentrant le soir à Saint-Sigismond le régiment laissait aux avant-postes de Patay le 4e escadron. Il assistait le lendemain, 31, à l'affaire dans laquelle les Prussiens furent vigoureusement délogés des villages de Villepion, Gommier et Faverolles. La division prononça sur la droite un mouvement tournant sous un feu violent d'artillerie qui lui fit éprouver des pertes assez sensibles, et contribua ainsi au succès de la journée. Le soir elle bivaquait, par un froid atroce, près des fermes de Muzelle.

Le 2 décembre, le rôle de la cavalerie à la bataille de Loigny fut à peu près nul : la division était en observation sur la route d'Orgères et fut presque tout le temps en contact avec la cavalerie prussienne, dont les éclaireurs échangèrent quelques coups de feu avec nos cavaliers. Le soir on reprenait le même bivac que la veille.

Le 2 décembre la division resta en observation en avant de Patay, et le régiment reprit ses cantonnements de Tournoisis.

Le 4, à six heures du matin, le régiment sortait de Tournoisis et rejoignait la division en arrière de la route de Châteaudun, entre Tournoisis et Saint-Péravy. Patay était occupé par la brigade de Tucé. Le général de Tucé avait remplacé le général Tripart dans le commandement de la 1re brigade, et les troupes défendant Patay étaient sous ses ordres. Elles eurent à subir une attaque assez violente qui eut lieu sous nos yeux et qui fut repoussée. Du reste, ces attaques de notre côté n'étaient que feintes pour nous écarter d'Orléans et nous couper du 15e corps, ce qui eut lieu. La division se dirigea sur les Ormes sans pouvoir y passer, et le soir, lorsqu'elle s'engagea dans la forêt de Montpipeau pour gagner Orléans, elle fut obligée de rétrograder et d'attendre près de Coulmiers de nouveaux ordres. Elle y resta jusqu'à l'aurore, les hommes en armes, la bride au bras, par un froid de près de 20 degrés.

Le 5 décembre, la division était établie au bivac à Poisly, derrière le village, qui était plein de mobiles et d'artillerie. Pendant quatre jours l'armée (1), composée alors des 16e, 17e et 21e corps, soutint l'attaque des troupes du prince Frédéric-Charles. Chaque jour la division montait à cheval à six heures du matin et restait en réserve à 500 mètres environ derrière le village, pendant qu'un combat d'artillerie se livrait, qui ne finissait qu'avec la nuit. Le 8 elle dut exécuter vers la fin de la journée un mouvement tournant sur la gauche de notre ligne; mais, reçue par une batterie d'artillerie bien soutenue par de l'infanterie, elle dut

(1) Par décision du 5 décembre, les forces qui se trouvaient alors sur les deux rives de la Loire formèrent deux armées : la première, composée des 15e, 18e et 20e corps, sous les ordres du général Bourbaki; la deuxième, avec les 16e, 17e et 21e corps, sous le commandement du général Chanzy, remplacé au 16e corps par l'amiral Jauréguiberry. (*La 2e armée de la Loire*, par le général Chanzy.)

rétrograder. Le 3ᵉ cuirassiers perdit dans cette affaire
2 hommes et 8 chevaux et eut quelques blessés.

Le 11 on dut battre en retraite sur Vendôme. La
division se retira à l'abri de la forêt de Marchenoir, en
passant par Bourichard et Rhodon, et arriva à Vendôme le 13. Le régiment est d'abord bivaqué, puis
ensuite cantonné dans le faubourg de Courtiras. Après
deux jours de lutte, il fallut abandonner la position
de Vendôme pour se retirer sur le Mans. Le régiment
bivaque avec la division, le 16, à Lunay, le 17 à la
Chapelle-Gogain, le 18 à Courdemanche, le 19 à Chelles.
Le 20, le 3ᵉ cuirassiers va camper à Parigné-l'Évêque.
Le froid est tellement vif, les hommes et les chevaux
si fatigués, qu'au bout de trois jours on se décide à
cantonner le régiment. Le 25 le 1ᵉʳ escadron est détaché à Bouloire jusqu'au 29, où il rallie le régiment, qui
quitte Parigné avec ordre de rejoindre vers Vendôme
la colonne mobile du général de Jouffroy. Il couche à
Tressou et va se cantonner le 30 à Savigny. A une
heure du matin le régiment reçoit l'ordre de monter à
cheval immédiatement et de prendre la route d'Épui-
say. L'état-major reste dans ce village avec les 1ᵉʳ et
2ᵉ escadrons; les 3ᵉ et 4ᵉ continuent jusqu'à Danzé,
où ils s'établissent sous les ordres du commandant
Clicquot de Mentque. Ces derniers escadrons, arrivés
à sept heures et demie, y sont attaqués à neuf heures
par une reconnaissance prussienne, qui se met à canonner le village. Sur ces entrefaites, un bataillon
d'infanterie arrivait au secours des escadrons avec six
pièces d'artillerie. Mais le capitaine commandant la

batterie est tué sur ses pièces, dont trois sont enlevées par les tirailleurs ennemis. Les cuirassiers se retirent en bon ordre, ramenant les trois autres pièces, après avoir essuyé quelques pertes.

Le régiment, réuni à Epuisay, se porte alors sur Vendôme, où il arrive à la fin de la journée, au moment où le combat se termine. On campe sur le plateau du Bel-Air. A une heure et demie le régiment reçoit l'ordre de monter immédiatement à cheval et rentre dans Savigny (1ᵉʳ janvier 1871), laissant un peloton de grand'garde à la ferme de la Belle-Étoile.

Le régiment reste cantonné dans Savigny jusqu'au 7, où il se retire à la Chapelle-Huon. Il y eut une alerte qui fit juger prudent au colonel de faire garder Bessey par un escadron. Le 8, le régiment venait de s'établir dans Vancé, quand la grand'garde est repoussée jusque dans le village par les uhlans, qui l'y suivent et blessent le colonel. Le régiment, réuni aux spahis, qui arrivaient alors, repoussent les Prussiens, qu'ils poursuivent, quand une batterie prussienne, appuyée par de l'infanterie, vient prendre position sur la hauteur qui domine le village, qu'elle se met à canonner, forçant nos cavaliers à la retraite. Le régiment eut dans cet affaire un officier (1) et quelques cavaliers disparus.

Le soir le régiment s'arrêtait au Grand-Lucé, où il retrouvait le 4ᵉ dragons. Le général Digard prenait le commandement de la brigade, dont le 4ᵉ mixte ne faisait

---

(1) M. le sous-lieutenant Lamarque, renversé de son cheval, réussit à s'échapper et rejoignit le régiment à Saint-Jean sur Mayenne, au sortir de l'ambulance.

plus partie depuis Patay. Le colonel Treboute fut obligé d'entrer à l'ambulance, et le commandant Clicquot de Mentque prit le commandement du régiment.

Le régiment quittait le Grand-Lucé le 10 et allait camper derrière Mulsanne, où les lanciers étaient cantonnés, et près du château de la Rochère, occupé par l'état-major de la division.

Le 10 la division reste sous les armes toute la journée ; on entend une vive fusillade du côté de Parigné-l'Évêque. La division va s'établir le soir sur la route d'Arnage au Mans, à la sortie du village. Elle y passe la nuit et toute la journée du 11, par une neige des plus épaisses. Le canon se fait entendre toute la journée, des plus violents, dans la direction du Mans. Le soir, à huit heures, la division se retire sur le Mans, qu'elle traverse à dix heures, et campe à minuit, dans la neige, à Pruillé-le-Chétif. Le Mans est pris par les Prussiens et la retraite commence sur Laval, par un temps épouvantable de neige, de froid et de gelée.

Le régiment couche le 12 à Vallon, et le 13 à Saint-Denis d'Orques. Le régiment est bivaqué à l'entrée du village, dans deux pieds de neige. On attend de nouveaux ordres, qui parviennent le 14. On doit le 15 se reporter en avant ; mais à onze heures du soir l'ordre est donné de partir en toute hâte et de se retirer sur Laval, où la division campe le 15, à deux heures de l'après-midi, sur la place du Marché. Le lendemain 16 la division se retirait sur la route de Nantes, lorsqu'elle est arrêtée à 2 kilomètres de la ville. Après deux heures d'attente par une pluie battante, la brigade Digard reçoit l'ordre de se porter à Saint-Jean sur Mayenne, de l'autre côté de Laval, détachant 2 escadrons, 1 de cuirassiers et 1 de dragons, à Montgiroux. Le lendemain l'ordre parvient à la brigade de venir rejoindre le reste de la division à l'Huisserie, où elle arrive à six heures du soir. Mais dans la nuit nouvel ordre de retourner à Saint-Jean sur Mayenne, où la brigade se trouve de nouveau établie le 18. Hommes et chevaux sont horriblement fatigués et nos régiments sont dans un piteux état. Aussi le général Digard donne l'ordre d'aller se cantonner dans les fermes environnantes. Le régiment resta dans ces cantonnements jusqu'au 29. Pendant ce temps il envoyait chaque jour des reconnaissances de l'autre côté de la Mayenne, qui avaient quelques engagements sans importance avec les éclaireurs ennemis. Le 29 la brigade partait pour Saint-Germain d'Anxure, où le 30 arrivait la nouvelle de la capitulation de Paris et de l'armistice.

Le 2 février le régiment partait alors pour Juvigné, où il restait cantonné jusqu'au 12. A cette époque la 2e armée exécutait son mouvement de retraite pour se porter au sud de la Loire. Le 3e cuirassiers de marche quittait alors Juvigné le 12 et, ralliant la division en avant de Laval, allait camper à la Lande. Le 13 la division s'arrêtait à Bourgneuf, le 14 à Feneu, le 15 à Angers, le 16 à la Ménitré, les 17 et 18 à Montreuil-Bellay, le 19 à Loudun. On apprend que l'armistice, qui devait finir le 19 février, est prolongé jusqu'au 24. Le 20 on campe à Mirebeau, le 21 à Châtelleraut, le 22 à Pesay-le-Sec. Le régiment reçoit alors l'ordre de se cantonner à Mérigny, où il apprend que l'armistice est de nouveau prolongé jusqu'au 26, à minuit.

Le 26 l'ordre arrive de bivaquer les troupes, de faire des reconnaissances, afin de se préparer à la reprise des hostilités. Mais on donne contre-ordre le soir pour tous ces préparatifs, et le 3 mars on apprenait la ratification, par la Chambre, des préliminaires de paix imposés à la France.

Le 4 mars au soir le régiment reçoit l'ordre de départ pour Paris, où commençaient les troubles de la Commune. Il part immédiatement pour Chenevelle, où il arrive à minuit et où il est cantonné. Le 7 il va camper à Targé, où il est rejoint par le 4e dragons. Le lieutenant-colonel Treboute, revenu de l'ambulance, reprend le commandement du régiment. Le 8 le 3e cuirassiers est cantonné aux Ormes, au delà de Châtellerault, où il doit être embarqué pour Paris. Il y reste jusqu'au 20, où il reçoit l'ordre de partir pour Versailles par étapes. Il loge le 20 à Montbazon, les 21 et 22 à Tours, le 23 à Châteaurenaud, le 24 à Vendôme, le 25 à Châteaudun, les 26 et 27 à Chartres, le 28 à Rambouillet, le 29 à Saint-Cyr. Il y est rejoint le lendemain par le 4e dragons, avec lequel il continue de faire brigade. Les deux régiments sont logés dans le quartier de l'école. Le général Digard est remplacé par le général Cousin dans le commandement de la brigade, qui fait alors partie de l'armée de Versailles, en voie de formation.

Le 1er avril le 3e régiment de cuirassiers de marche devenait définitivement le 3e cuirassiers, et le colonel de La Salle, rentrant de captivité, reprenait le commandement de son régiment.

CHAPITRE VIII

LE 3ᵉ RÉGIMENT DE CUIRASSIERS

Avril 1871 (la Commune). — 1875.

La première sortie des insurgés eut lieu le 3 avril. Il s'agissait pour eux d'occuper la forteresse du Mont-Valérien, qu'ils supposaient abandonnée. Ils vinrent à cet effet se ranger en bataille dans la plaine de Nanterre, où le régiment les chargea avec le 4ᵉ dragons et deux régiments de gendarmerie. On ramassa quelques fuyards, et Flourens, qui s'était réfugié dans une maison de Chatou où il voulut se défendre, fut tué par un officier de gendarmerie.

Le 14 le régiment partait pour Savigny-sur-Orge. Il faisait partie du 3ᵉ corps, commandé par le général du Barail, et fut mis à la disposition du général du Fretay, établi à Juvisy. La mission du régiment était de reconnaître et de garder le terrain compris entre la route de Villejuif et la Seine, de la Belle-Épine à Choisy-le-Roi, par Thiais et Grignon. Chaque jour les reconnaissances rencontraient des patrouilles d'insurgés, qui se retiraient après quelques coups de fusil sans effet. Le fort d'Ivry, qui commandait les abords de Choisy et la Gare-aux-Bœufs, envoyait parfois des boulets inoffensifs. Le 16 un engagement eut lieu entre les insurgés et les dragons de la Belle-Épine. Le 4e escadron était alors en reconnaissance, et le maréchal des logis Guilleret, qui s'était engagé avec sept hommes dans Choisy-le-Roi, y chargea les insurgés, qui s'enfuirent. Le maréchal des logis Guilleret eut un cavalier blessé légèrement; il reçut deux balles dans ses armes et fut médaillé à la suite de cette affaire.

Le 16 le régiment allait cantonner, les deux premiers escadrons à Lonjumeau et les deux derniers à Sceaux-les-Chartreux. Il est alors sous les ordres du général du Preuil, qui commande la 2e division, dont il fait partie. Le régiment détache chaque jour une division pour garder de l'artillerie en avant de la vieille poste, et quatre pelotons qui renforcent les grand'gardes des dragons et de la cavalerie légère.

Le 21 on apprenait la nouvelle de l'entrée des troupes dans Paris. Le 27 la division se porta à la Belle-Épine, assistant à la prise des forts d'Ivry et des Hautes-Bruyères. Le 29 le régiment s'établissait à Villejuif, tandis que l'insurrection tirait son dernier coup de fusil au cimetière du Père-Lachaise.

Le régiment resta cantonné aux environs de Paris jusqu'au 3 juillet, dans les villages de Bagneux, Cachan, Sceaux et Bourg-la-Reine. Il assistait le 25 juin à la revue passée au champ de Mars, par M. Thiers et l'Assemblée nationale. Du 3 juillet au 8, il était à Gentilly, et du 8 juillet au 20 septembre à Orsay, Lozère et Palaiseau. Il était alors en brigade avec le 4e cuirassiers, sous les ordres du général Bachelier. Le général Ressayre commandait la division.

Le régiment quittait ses cantonnements le 20 septembre pour aller tenir garnison à Versailles, où il était caserné aux quartiers de Noailles et Saint-Martin. Le général de Tucé remplaçait le général Bachelier dans le commandement de la brigade.

Le 27 mars 1872 le régiment quittait Versailles pour aller occuper à Paris le quartier de l'École-Militaire.

Le 27 octobre 1873 le 1ᵉʳ escadron du régiment, désigné par le sort, partait pour concourir à la formation du 21ᵉ régiment de dragons, qui s'organisait au camp de Rocquencourt. Le même jour le régiment, quittant Paris, allait tenir garnison à Maubeuge, où il arrivait le 6 novembre. Le dépôt, venant d'Hesdin, y était arrivé la veille. Un escadron, relevé tous les six mois, était détaché à Landrecies.

Le régiment se trouve alors dans le 1ᵉʳ corps d'armée, dont le commandement est à Lille; mais il est de la réserve générale de l'armée, dont il forme, avec le 6ᵉ cuirassiers, la 3ᵉ brigade de grosse cavalerie.

COLONELS

1830 - 1875

BRICE	1830—1837.
RAOUL	1837—1841.
GUICHERD	1841—1849.
PELLAGOT	1849—1850.
DE BRUNET	1850—1853.
Comte DE DRÉE	1853—1860.
DE BRUCHARD	1860—1867.
DE LACARRE	1867—1870.
Comte DE LA SALLE	1870.

FIN

215 — Paris. Impr. A. DUTEMPLE, rue des Canettes, 7.